schnitt LiniE

Schnitt Linie

Schnitt Linie

Schnitt Linie

Schnitt Linie

Schnitt Linie

Schnitt Linie

Schnitt Linie

Schnitt Linie

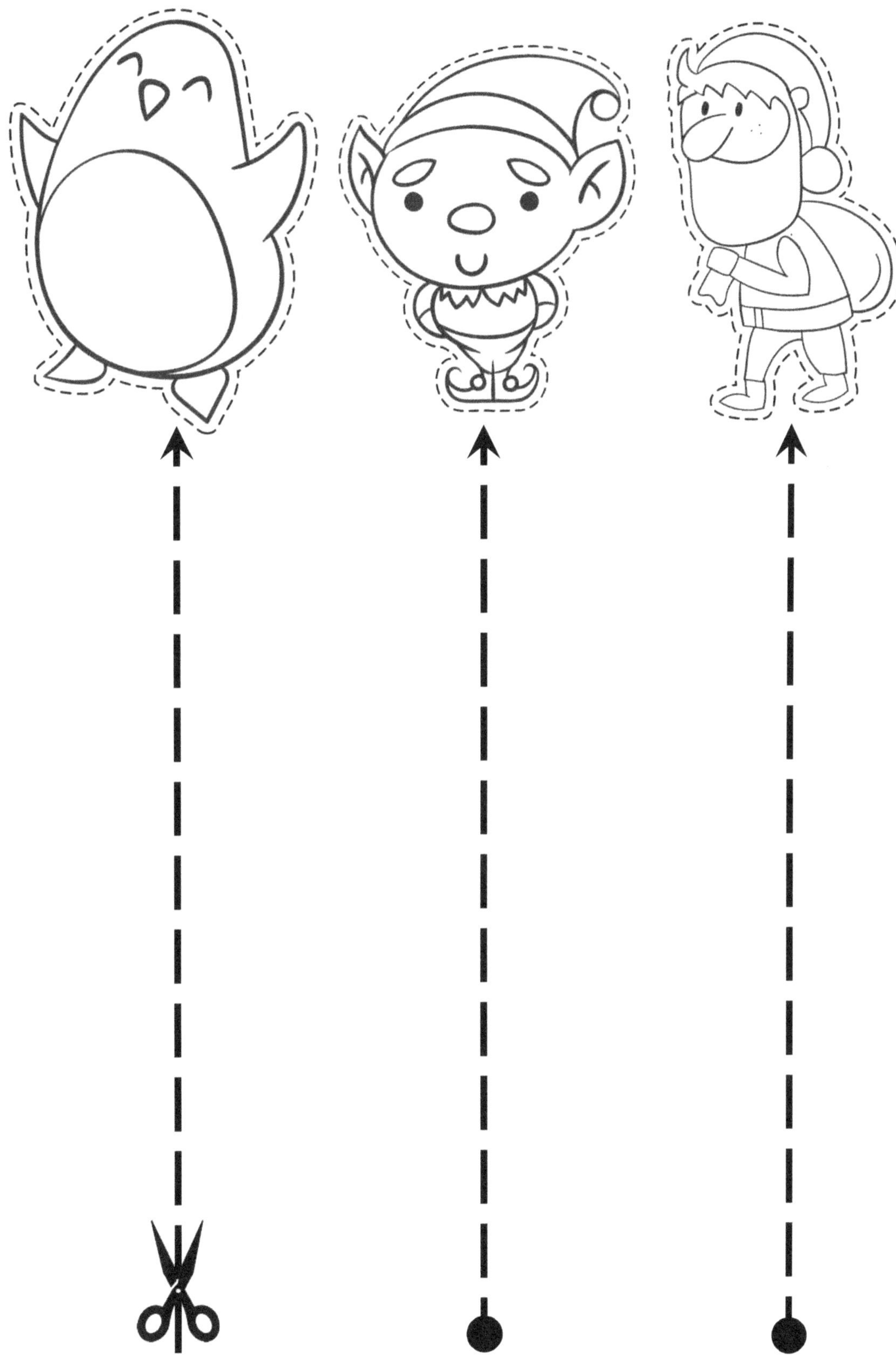

Schnitt Linie

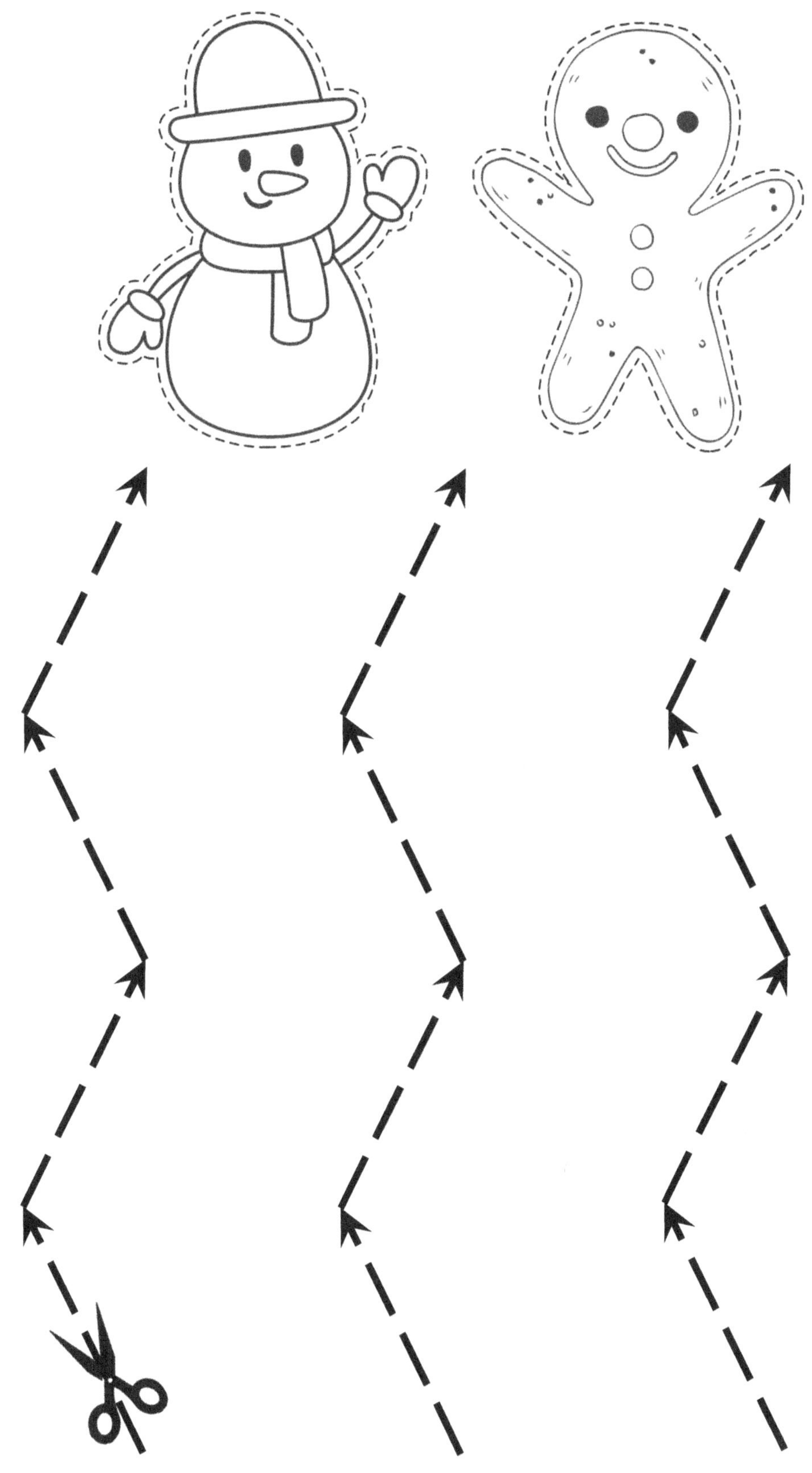

Schnitt Linie

Schnitt Linie

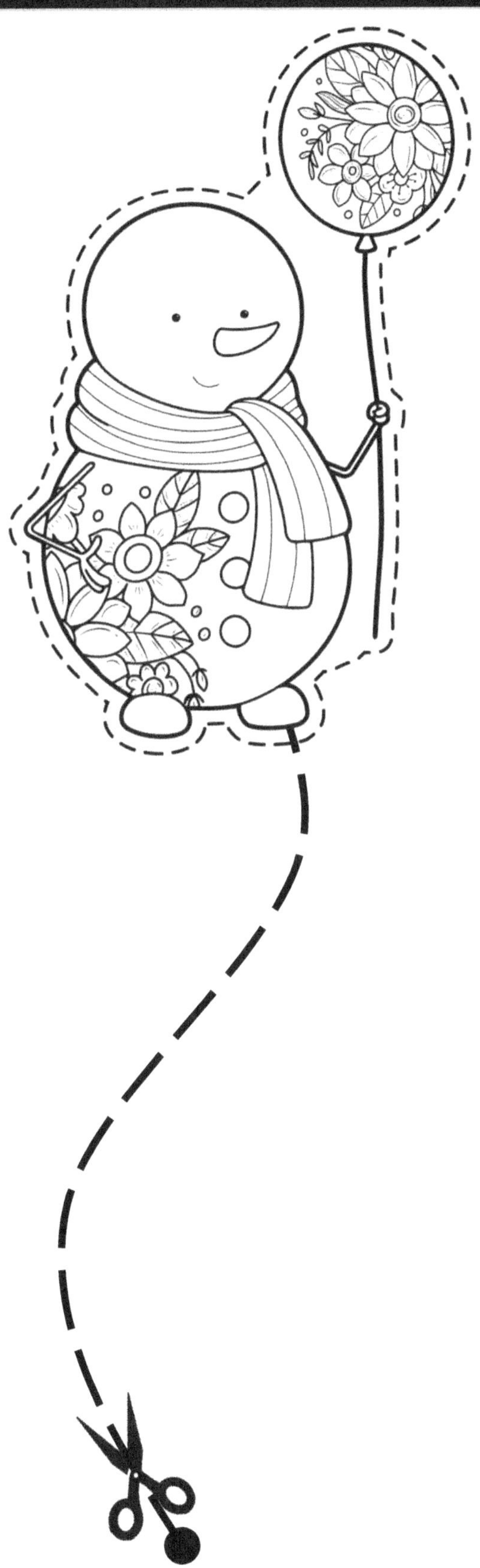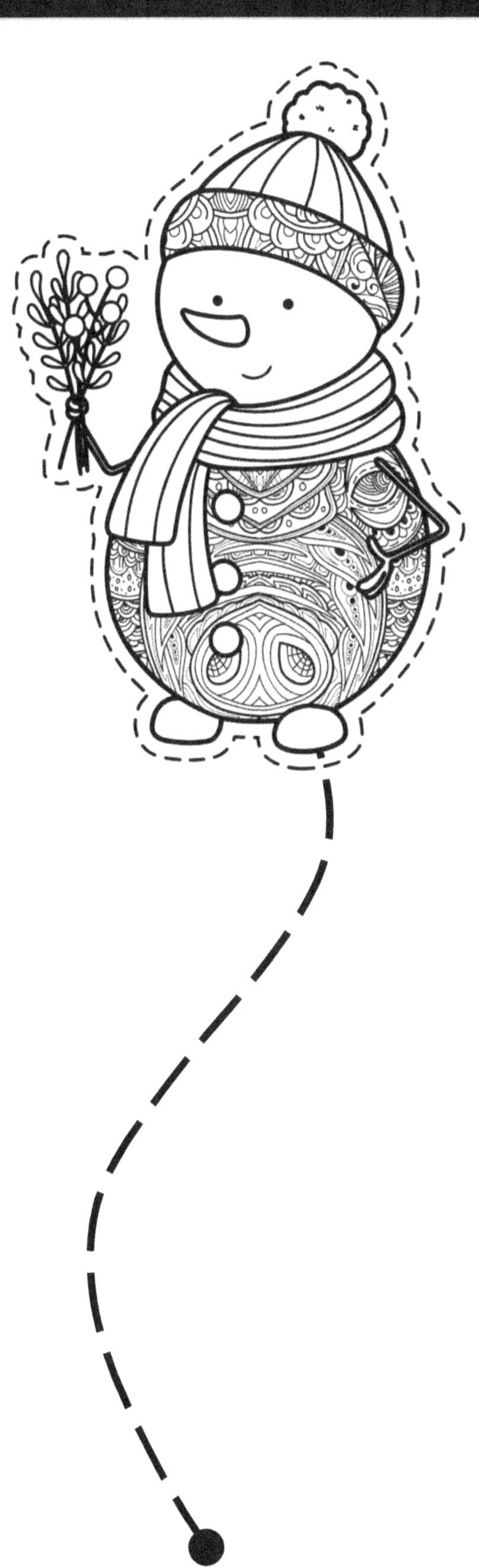

schnitt Linie

Schnitt Linie

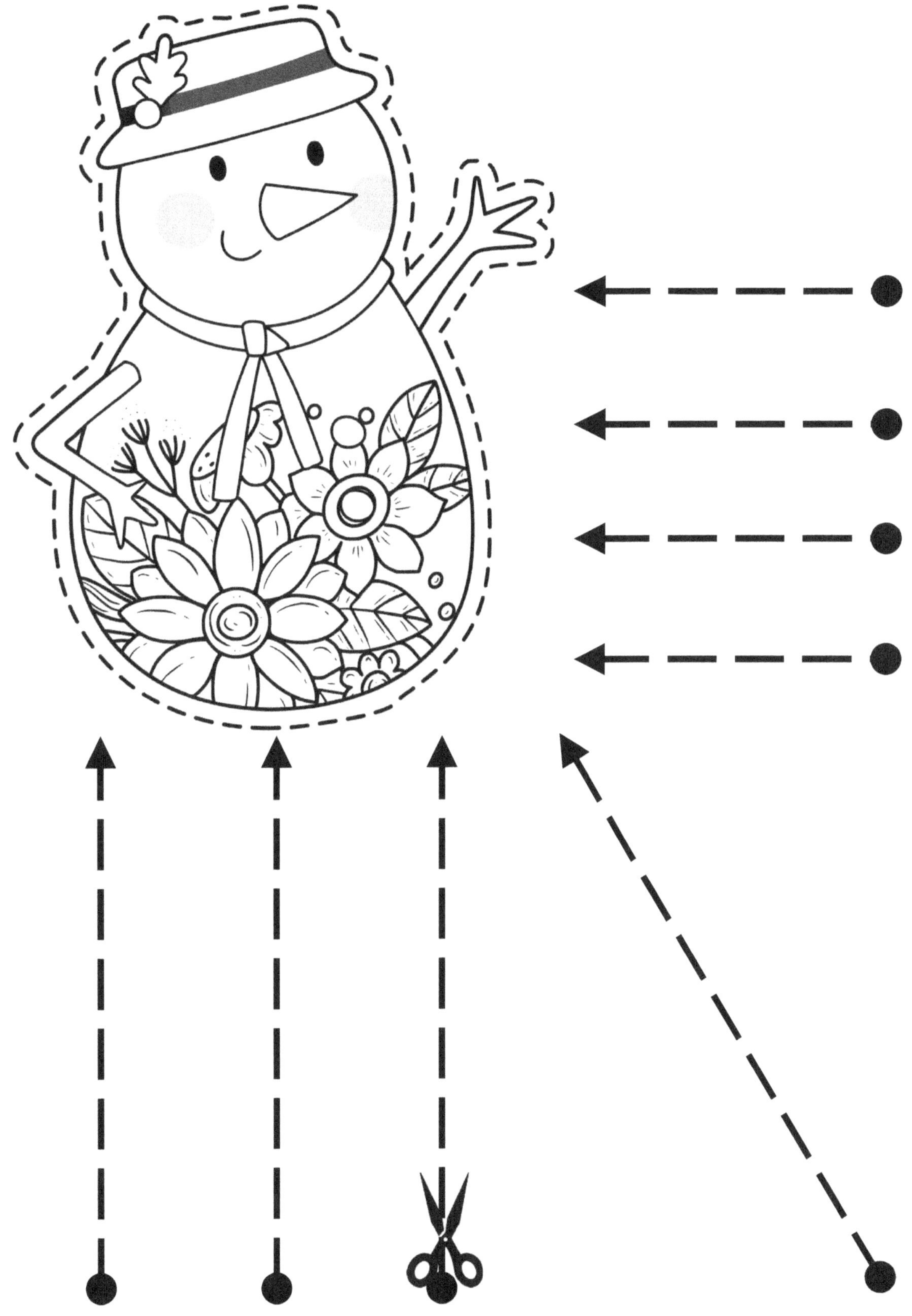

schnitt Linie

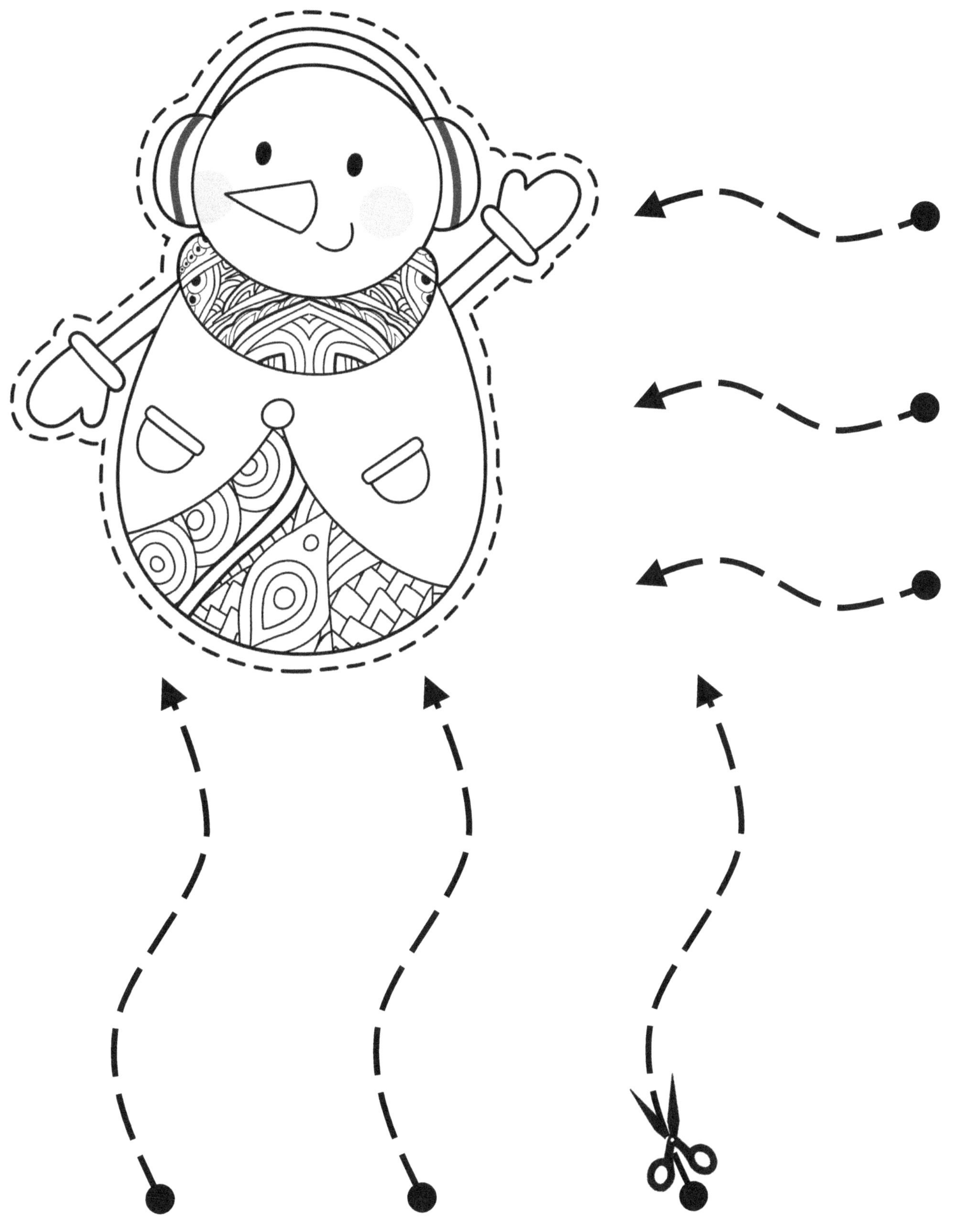

SCHNITT LINIE

FOLGEN SIE DER NUMMER

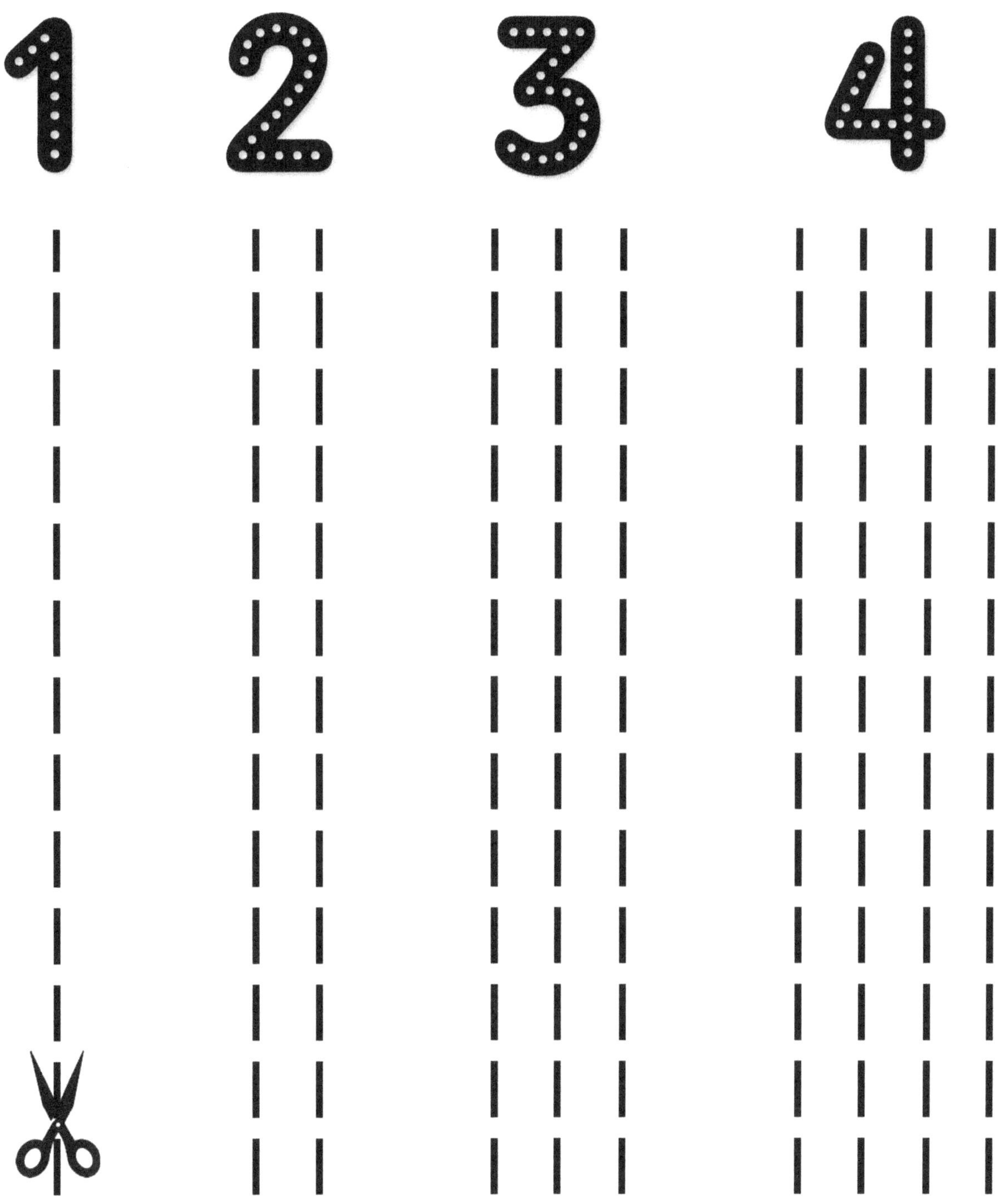

SCHNITT LINIE

FOLGEN SIE DER NUMMER

1

2

3

4

SCHNITT LINIE

FOLGEN SIE DER NUMMER

1

2

3

4

SCHNITT LINIE

FOLGEN SIE DER NUMMER

1

2

3

4

MALEN UND SCHNEIDEN

MALEN UND SCHNEIDEN

MALEN UND SCHNEIDEN

MALEN UND SCHNEIDEN

MALEN UND SCHNEIDEN

MALEN UND SCHNEIDEN

MALEN UND SCHNEIDEN

MALEN UND SCHNEIDEN

MALEN UND SCHNEIDEN

MALEN UND SCHNEIDEN

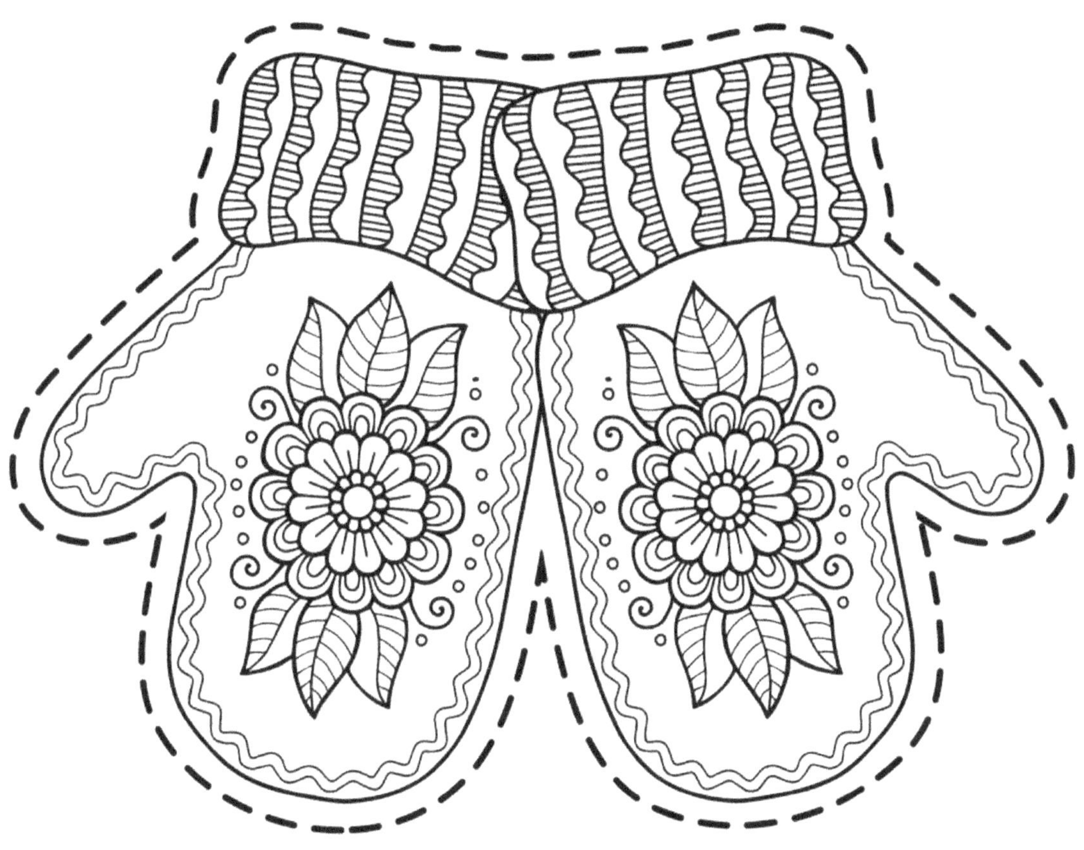

MALEN UND SCHNEIDEN

MALEN UND SCHNEIDEN

MALEN UND SCHNEIDEN

MALEN UND SCHNEIDEN

MALEN UND SCHNEIDEN

MALEN UND SCHNEIDEN

MALEN UND SCHNEIDEN

MALEN UND SCHNEIDEN

MALEN UND SCHNEIDEN

MALEN UND SCHNEIDEN

MALEN UND SCHNEIDEN

MALEN UND SCHNEIDEN

MALEN UND SCHNEIDEN

MALEN UND SCHNEIDEN

MALEN UND SCHNEIDEN

MALEN UND SCHNEIDEN

MALEN UND SCHNEIDEN

MALEN UND SCHNEIDEN

MALEN UND SCHNEIDEN

MALEN UND SCHNEIDEN

MALEN UND SCHNEIDEN

9 798579 900173